Anita Gewald

WALKMÜTZEN
SELBST GENÄHT

LIEBE LESERIN, LIEBER LESER,

wenn die Herbst- und Winterzeit naht, sind kuschelige Mützen, die nicht nur warm halten, sondern auch gut aussehen, genau das Richtige! Die in diesem Buch vorgestellten Modelle sind keineswegs nur funktional und komfortabel, sondern lassen der kalten Jahreszeit zusätzlich schöne Seiten abgewinnen.

Mützen aus Walkloden sind eine attraktive Alternative zu gestrickten oder gehäkelten Modellen. Auch für Nähanfänger ist Walk unkompliziert zu verarbeiten, da die Schnittkanten nicht versäubert werden, und beschert auf Anhieb ein Erfolgserlebnis. Ein Workshop für das Nähen mit Walkstoff zeigt die wichtigsten Verarbeitungsschritte anhand von Fotos.

Verwenden Sie die Anleitungen als Inspirationsquelle und entwerfen Sie Ihr ganz persönliches Modell, indem Sie eine andere Farbstellung oder eine andere Verzierung wählen. Selbst kleine Details verändern einen Look von sportlich bis elegant. Alle hier gezeigten Modelle sind alltagserprobt und variabel, sodass sich jeder sein Lieblingsmodell als einmaliges Unikat zusammenstellen kann. Den Kombinationsmöglichkeiten sind keine Grenzen gesetzt.

Ich wünsche Ihnen viel Freude beim Nähen und natürlich beim Tragen Ihrer neuen Kreationen! Bewundernde Blicke sind Ihnen auf jeden Fall garantiert.

Ihre

Anita Gewald

INHALT

WORKSHOP: NÄHEN MIT WALKSTOFF

Walkstoff ist ein wunderbares Material, denn er lässt sich gut zuschneiden, ist leicht elastisch, braucht nicht versäubert werden und lässt sich prima mit der Nähmaschine und auch mit der Hand vernähen. Mehr als gewisse Grundkenntnisse im Nähen braucht man nicht, um die Modelle in diesem Buch nachzuarbeiten. In den Nähanleitungen steht wie man grundsätzlich vorgehen muss, spezielle Nähtechniken sind hier in Bild und Wort erläutert.

Flache Naht

Damit keine dicken, wulstigen Nähte entstehen, werden die Schnittteile mit einer flachen Naht zusammengenäht. Hierfür die Stoffteile schmal und flach etwas überlappend aufeinanderlegen, mit Nadeln oder mit Heftgarn fixieren – dann verrutscht garantiert nichts – und mit einem einfachen Steppstich zusammennähen.

Biesen nähen

Den Stoff so falten, dass er links auf links liegt. Anschließend mit der Nähmaschine schmalkantig (ca. 5 mm breit) absteppen.

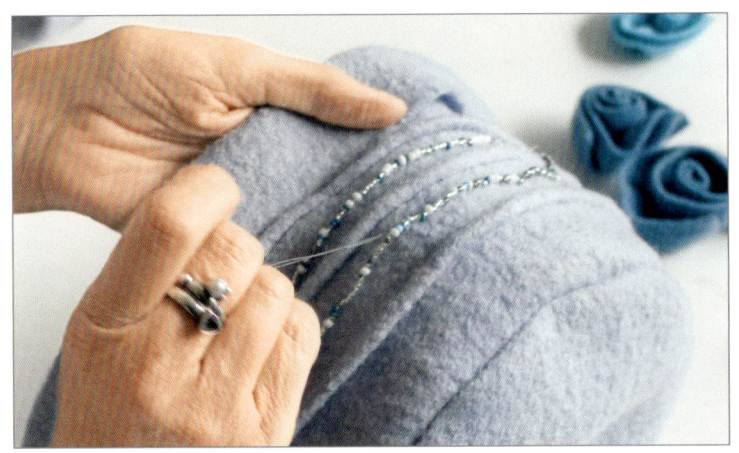

Aufnähen eines Perlenstranges

Kleine Perlen zu einer ca. 60 cm langen Schnur auffädeln und diese mit engen Stichen von Hand aufnähen. Über die Anfangs- und Endstelle der Perlenschnur Stoffblumen setzen. Diese Verzierung eignet sich sehr gut zwischen zwei Biesen, wie z. B. im Modell Sarah.

Borte aufnähen

Bevor der Mützenkörper zusammengenäht wird, müssen geplante Borten aufgesteppt werden, dann erst kann die Mütze nach Anleitung fertiggestellt werden. Die Borten auf dem Walkstoff feststecken oder mit Heftfaden von Hand auf den Walk heften, dabei jeweils 1 cm der Borte auf die Innenseite umschlagen und ebenfalls festheften. Die Borte mit der Nähmaschine aufsteppen.

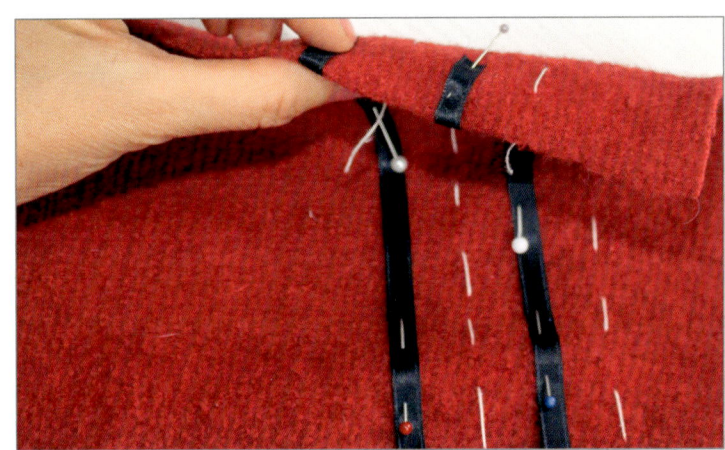

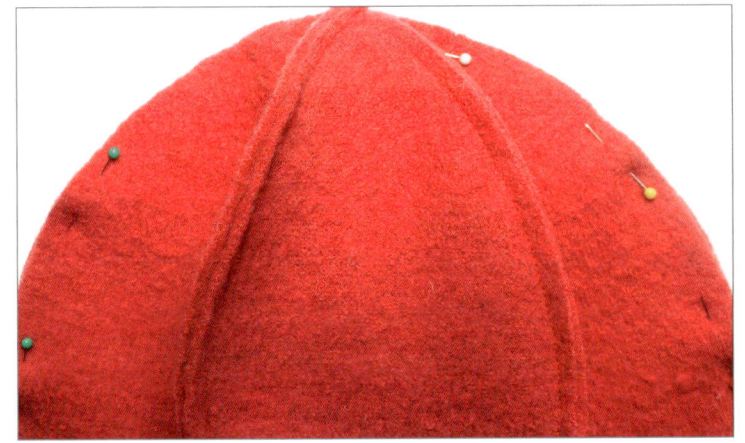

Mützenteile zusammennähen

Hat eine Mütze mehrere Teile, die oben in einer Spitze enden, werden zunächst zwei Teile an der oberen Mitte beginnend aneinandergenäht. Dann folgt das dritte Teil, ebenso von der oberen Mitte aus genäht. Die restlichen drei Mützenteile separat genauso zusammennähen. Dann beide Mützenhälften mit der rechten Seite aufeinanderlegen und in einer gemeinsamen Naht von einer Seite unten über die Mitte zur anderen Seite unten zusammennähen. Dabei darauf achten, dass die übrigen Nähte beim Steppen flach auseinandergelegt werden.

Aufnähen von Spitzenstoff und Perlen

Spitzenstoff mit Textilkleber vorsichtig auf den Walkloden kleben, dafür bevorzugt die Stellen im Spitzenstoff auswählen, die dichter gewebt sind, damit der Kleber nicht durchschlägt. Alles gut trocknen lassen. Dann erst den Stoff gemäß Schnittmuster zuschneiden und weiterverarbeiten. Zum Schluss einige Motive des Spitzenmusters mit Perlen besticken.

Ansetzen von Schleifenteilen

An die oberste Kante des Mützenteils ein Teil des Schleifenbandes auf die vorbereitete Markierung stecken, dieses zeigt nach unten, auch den Mützendeckel links auf links anstecken und alles zusammen annähen. Nun an die unterste Schnittkante den zweiten Teil des Schleifenbandes anstecken, dieses Schleifenteil zeigt nach oben. Noch nicht nähen! Den Mützenrand auf die Innenseite der Mütze stecken, alle Teile zusammen mit dem aufgesteckten Schleifenband festnähen und anschließend auf die rechte Seite der Mütze umschlagen.

Mützenteile mit schräger Naht

Mützenteile mit schrägen Nähten sind im Modell Linda verarbeitet. Bitte die Ansatzpunkte an den Mützenteilen genau beachten, sorgfältig stecken bzw. heften und dann zusammennähen. Eine Spitze steht dabei an der oberen Kante über. Die Mützenteile selbst bilden aber eine gerade Linie.

Blumen

Einfache Blumen lassen sich am besten aus einem geschwungenen Stoffstreifen formen. Verwenden Sie dafür die Vorlagen Nr. 21 (kleine Blume) und 22 (große Blume) vom Vorlagenbogen (Bogen A). Sie können die Vorlagen auch nach eigenen Vorstellungen vergrößern oder verkleinern.

Blumen lassen sich auch aus geraden Stoffstreifen herstellen, diese lassen sich nur etwas schwieriger in Form legen und fixieren. Jedoch lassen sich so auch kleinste Stoffreste verwerten.

1 Einen geschwungenen oder gerade geschnittenen Stoffstreifen mit der Nähmaschine an einer Längskante bei größter Stichlänge schmal absteppen. Bei den geschwungenen Stoffstreifen muss zusätzlich die Innenkante eingereiht werden.

2 Einen der beiden Fäden an einem Ende verknoten und am anderen Ende ziehen, den Streifen dadurch kräuseln.

3 Die Blume von der Mitte aus formen und den Streifen ringsherum legen, dabei die abgesteppte Unterkante des Streifens in der Mitte kontinuierlich von Hand festnähen. So fortfahren, bis alles vernäht ist. Je nach Länge des Stoffstreifens lassen sich große oder kleine, flachere oder gefülltere Blumen formen.

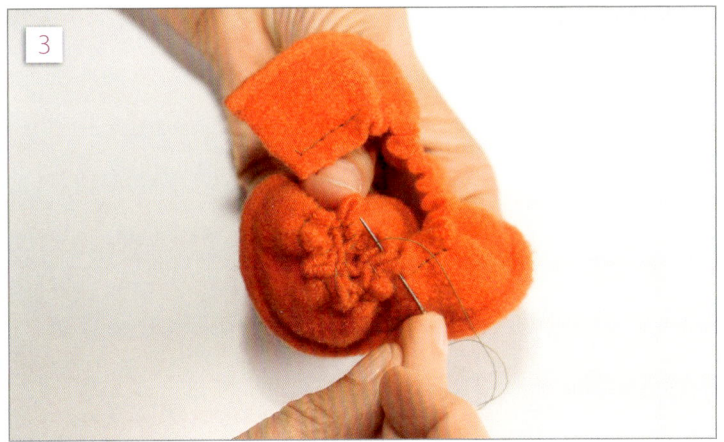

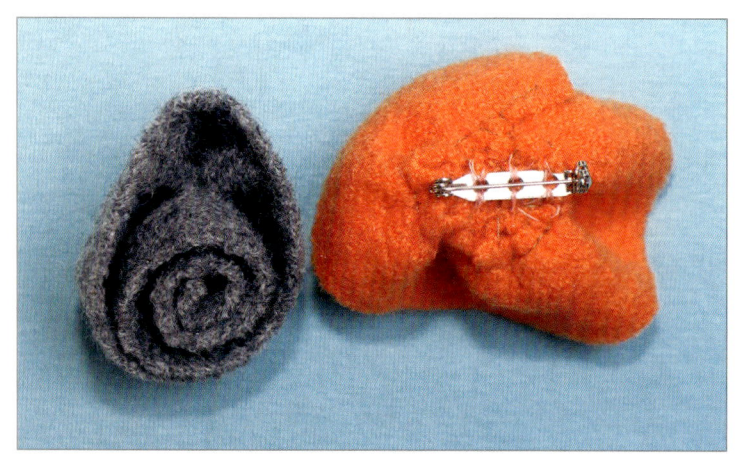

Broschennadeln

Nähen Sie Broschennadeln unter die fertigen Blumen. Diese Nadeln sind in verschiedenen Größen erhältlich. So können Blumen an Mützen ausgetauscht werden, um einen anderen Look zu kreieren. Oder die Blumen dienen als Anstecker für Pullis, Kleider, Mäntel und Jacken.

Blume mit Blättern

Verzieren Sie die Blumen nach Belieben mit Blättern. Verwenden Sie dafür die Vorlagen Nr. 25 und 26 vom Vorlagenbogen (Bogen A) oder schneiden Sie sie freihand zu. Nähen Sie zuerst die Blätter an der gewünschten Stelle von Hand an der Mütze unsichtbar fest. Setzen Sie anschließend eine Blume in die Mitte und nähen diese ebenfalls fest. Bei der Farbwahl sind keine Grenzen gesetzt: Blumen mit Blättern in der gleichen Farbe wirken ebenso schön wie Farbkontraste.

Flache Blumen

Mit flachen Blumen können die plastisch geformten Blumen wirkungsvoll unterlegt werden. Verwenden Sie die Vorlagen Nr. 23 und 24 vom Vorlagenbogen (Bogen A) oder schneiden Sie sie freihand in gewünschter Größe zu. Nähen Sie sie von Hand oder mit der Nähmaschine auf das fertige Modell auf, steppen Sie dabei die Außenkante ringsum schmalkantig ab. Setzen Sie in die Mitte eine plastisch geformte Blume oder einen besonderen Schmuckknopf, den Sie vielleicht in Ihrer „Schatzkiste" finden.

Gerüschter Schmuckrand

Um geformte Blumen oder einen schönen Knopf noch besser zur Geltung zu bringen, können Sie einen gerüschten Rand aus Walk unterlegen. Schneiden Sie einen Stoffstreifen von ca. 3–4 cm Breite und ca. 25 cm Länge zu. Steppen Sie eine Längskante mit groß eingestelltem Geradstich mit der Nähmaschine ab. Ziehen Sie wie bei der plastisch geformten Blume vorsichtig nur an einem Faden, um die Kante zu kräuseln. Legen Sie den Stoffstreifen zur Manschette und fixieren ihn. Nähen Sie die schmalen offenen Kanten unsichtbar zu zusammen.

Nähen Sie die Manschette von Hand an der gewünschten Stelle unsichtbar fest. Nähen Sie in der Mitte eine Blume oder einen Schmuckknopf, der das Loch der Manschette verdeckt, fest.

Gefilzte Wollschnur

Gefilzte Wollschnüre können auf verschiedene Art und Weise zur Dekoration verwendet werden. Legen Sie sie zur Schnecke und nähen Sie sie unsichtbar von Hand an der gewünschten Stelle auf, oder wickeln Sie sie wie ein Band um die Mütze und binden die Enden zur Schleife. Fixieren Sie auch die Schleife mit einigen Stichen von Hand an der Mütze.

Schleife

Diese dekorative Schleife ist am Modell Luisa zu sehen. Sie kann aber auch an anderen Mützen ihren Platz finden und in beliebiger Größe genäht werden.

1 Für den Schleifenkörper einen Streifen von 8 cm Breite und 32 cm Länge und für das Schleifenband einen Streifen von 4 cm Breite und 10 cm Länge zuschneiden. Zwei Schleifenspitzen mithilfe der Vorlage Nr. 17c (Vorlagenbogen A) zuschneiden.

2 Den langen Stoffstreifen an den schmalen Seiten mit einer flachen Naht von Hand zu einem „Ring" locker zusammennähen, dabei darauf achten, keine dicke Naht zu bilden.

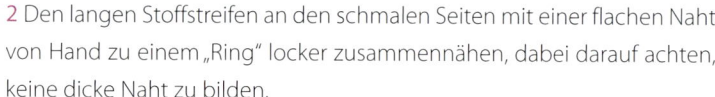

3 Den Stoffring flach zusammenlegen, etwas aufklappen und beidseitig mittig mit Stecknadeln pro Seite je einen Abnäher markieren. Dann an der hinteren und der vorderen Mitte die zuvor markierten Stellen (ca. 1,5 cm vom Rand entfernt und 2 cm lang) absteppen, sodass zwei kleine Abnäher entstehen.

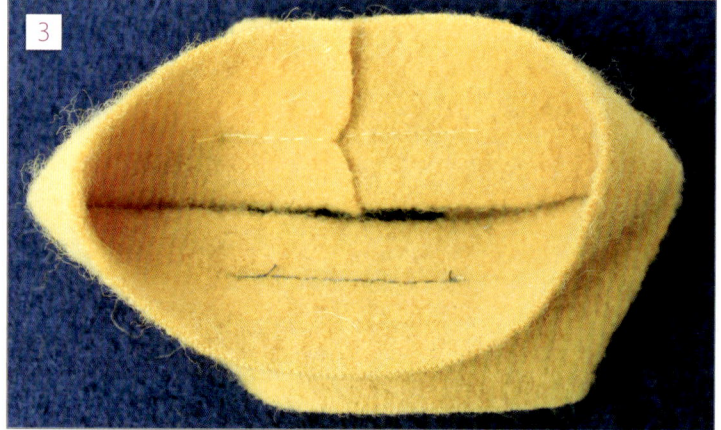

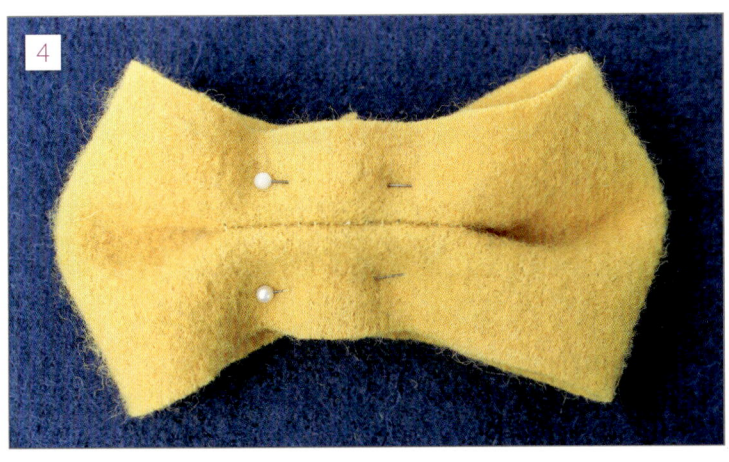

4 Den Schleifenkörper wieder bündig aufeinanderlegen, dabei die Abnäher im Schleifenkörper flach drücken, damit keine Wölbung entsteht.

5 Den kleinen Stoffstreifen (= Schleifenband) um die Mitte des Schleifenkörpers wickeln und auf der Rückseite mit einer flachen (überlappenden) Naht von Hand zusammennähen.

6 Die beiden Schleifenspitzen unter der Schleife unsichtbar von Hand annähen.

Variante

Nähen Sie auf diese Weise Schleifen in jeder beliebigen Größe. Breite und Länge der Stoffstreifen bestimmen Sie selbst. Lassen Sie zum Beispiel die mittigen Abnäher weg und raffen Sie den Schleifenkörper durch den Stoffstreifen, den Sie um die Mitte wickeln. Auch die Schleifenspitzen sind nicht zwingend nötig. Auf dem Foto sehen Sie zwei Schleifen ohne Abnäher und ohne Spitzen.

FRANZISKA

Ohrenklappenmütze mit Biesen · Kopfumfang 57–60 cm · Vorlagen 1a und 16a–b, Bogen A und B · Aufwand ● ●

Diese Ohrenklappenmütze ist mit Biesen kombiniert und zusätzlich mit einem kontrast-farbenen Walkloden gefüttert – so hält sie doppelt warm.

Material

- Walk, ca. 1,40 m breit:
  A: 25 cm in Fuchsia
  B: 20 cm in Violett

Zuschneiden

Die Vorlagen enthalten 0,75 cm Nahtzugabe.

A: 1-mal Nr. 16a (Mützenkörper)
   1-mal Nr. 1a (Mützendeckel)
B: 1-mal Nr. 16b (Futter)

So geht's

1 Auf dem Mützenkörper die Biesenlinien laut Vorlage mit Schneiderkreide, Stecknadeln oder Heftgarn markieren.

2 Den Mützenkörper an den Schmalseiten mit einer flachen Naht zur Runde schließen, wie auf Seite 6 beschrieben.

3 Den Mützenkörper an den markierten Biesenlinien jeweils links auf links falten und einige Millimeter breit absteppen, wie auf Seite 6 beschrieben.

4 Den Mützendeckel rechts auf rechts rings um die Oberkante des Mützenkörpers anstecken und festnähen.

5 Die Schmalkanten des Futters ebenfalls flach zusammennähen, jedoch keine Biesen in das Innenfutter nähen.

6 Das Futter links auf links innen in die Mütze stecken, die Unterkanten bündig aneinander ausrichten, ggf. heften, und schmalkantig zusammennähen. Die Nahtzugaben liegen außen.

7 Das Futter von Hand innen in der Mütze festnähen, dabei darauf achten, dass die Handstiche außen an der Mütze nicht zu sehen sind.

NADINE

Mädchenhafte Mütze · Kopfumfang 57–60 cm · Vorlagen 1a und 20, Bogen A · Aufwand ● ●

Die romantisch verspielte Mütze ziert ein nicht angenähtes Band aus Tüllrosen, welches nach Belieben ausgewechselt werden kann.

Material

- Walk, ca. 1,40 m breit:
  A: 25 cm in Mittelblau
- 60 cm Tüllband, ca. 6–8 cm breit, mit Rosenmotiv in Grau

Zuschneiden

Die Vorlage enthält 0,75 cm Nahtzugabe.

A: 1-mal Nr. 20 (Mützenkörper)

  1-mal Nr. 1a (Mützendeckel)

So geht's

1 Auf dem Mützenkörper die Abnäher laut Vorlage mit Schneiderkreide, Steck-nadeln oder Heftgarn markieren.

2 An den Abnäherlinien den Mützenkörper rechts auf rechts falten und je zwei Linien laut Markierung in der Vorlage bündig aufeinander ausrichten und in Länge der Linien absteppen.

3 Den Mützenkörper an den Schmalseiten mit einer flachen Naht zur Runde schließen, wie auf Seite 6 beschrieben.

4 Den Mützendeckel rechts auf rechts an die Oberkante des Mützenkörpers stecken und festnähen. Die Mütze auf rechts wenden. Die Nahtzugaben und die durch die Abnäher entstandenen „Biesen" liegen an der fertigen Mütze innen.

5 An der in der Vorlage markierten Umschlagkante die Unterkante der Mütze nach innen schlagen und an der Stepplinie laut Vorlage ringsum zusammen-steppen.

6 Das Tüllband mit Handstichen rechts auf rechts an den Schmalseiten zum Ring schließen, auf rechts wenden, über die Mütze ziehen und über dem Rand der Mütze platzieren.

Tipp

Das Tüllband ist nicht mit der Mütze vernäht, sodass es jederzeit gegen eine andere Dekoration ausgewechselt werden kann, zum Beispiel gegen ein Band aus einer elastischen Spitzenborte (siehe Foto links), ein gestricktes Band oder auch eine gefilzte Verzierung.

NINA

Kapuzinermütze · Kopfumfang 57–59 cm · Vorlage 6, Bogen A · Aufwand ● ●

Das Besondere an dieser Kapuzinermütze ist die ungewöhnlich aussehende Spitze. Die Unterkante wird als Rand einfach umgeschlagen und abgesteppt.

Material

• Walk, ca. 1,40 m breit:

  A: 30 cm in Anthrazit

  B: 30 cm mit Spitzenbesatz oder 16 x 30 cm Spitzenstoff

• einige Rocaille-Perlen nach Belieben

Zuschneiden

Die Vorlage enthält 0,75 cm Nahtzugabe.

A: 4 x Nr. 6 (Mützenkörper)

B: 1 x Nr. 6 (Mützenkörper mit Spitzenstoff)

So geht's

1 Zwei Mützenkörperteile links auf links aufeinanderlegen und an den Seitenkanten bis zur Markierung oben zusammennähen, dabei die Nahtenden mit Hin- und Rückstichen verriegeln.

2 Die anderen Mützenkörperteile genauso annähen, die Seitenkanten des ersten und letzten Teils schließen.

3 Am Mützenrand nur die unteren 3 cm (!) der Nahtzugaben flach auseinanderbügeln. Die verbleibenden Nahtzugaben bleiben ungebügelt und stehen dadurch an der fertigen Mütze ab.

4 Den Mützenrand, wie in der Vorlage eingezeichnet, nach außen klappen, dabei die Nahtzugaben flach aufeinanderstecken. Den Rand entlang der Schnittkante mit einem Zickzackstich oder einem anderen Zierstich absteppen.

5 Der Walk mit dem Spitzenstoff ist als vorderer Mützenabschnitt vorgesehen. Diesen zusätzlich mit kleinen Rocaille-Perlen besticken.

Verarbeitungshinweis

Bei dieser Mütze wurde für einen Mützenkörper ein Walkloden verwendet, der seitens des Herstellers mit einem Spitzenstoff verarbeitet wurde. Da es diese Stoffe sehr selten zu kaufen gibt, können Sie diese Optik auch selbst herstellen, wie auf Seite 8 beschrieben.

EVA

Wärmend und dekorativ zugleich ist dieses hübsche Stirnband, welches in vielen Varianten genäht werden kann. Das Grundprinzip wird hier erklärt.

Material

• Walk, ca. 1,40 m breit:
  A: 8 cm in Fuchsia
  B: 11 cm in Anthrazit

Zuschneiden

Die Maße enthalten 0,75 cm Nahtzugaben.

A: 1-mal 57 x 8 cm (obere Stofflage)

B: 1-mal 57 x 11 cm (untere Stofflage), eine Längsseite mit der
   Zackenschere zuschneiden
   1-mal 3 x 45 cm (Blume)

So geht's

1 Die Zuschnitte aus A und B jeweils mit einer flachen Naht zur Runde schließen, wie auf Seite 6 beschrieben.

2 Die beiden „Ringe" rechts auf rechts bündig ineinanderstecken und die gerade zugeschnittene Längsseite (nicht die Zackenseite) zusammennähen.

3 Den Ring auf rechts wenden und so verschieben, dass das Futter mit der Zackenkante an der Oberkante etwas hervorschaut (das Futter ist breiter zugeschnitten). Bügeln.

4 Ober- und Unterstoff entlang beider Kanten jeweils 1,5 cm von der gezackten Kante entfernt mit Zickzackstich zusammennähen.

5 Eine Blume, wie auf Seite 9 beschrieben, herstellen und seitlich an das Stirnband annähen.

Tipp

Als oberer Stoff können auch sehr gut Stoffreste verwendet werden. Hierzu verschiedene Stoffe mit einer flachen Naht aneinandernähen, den Stoffstreifen auf die gewünschte Länge zuschneiden und weiter gemäß Anleitung zu dem Stirnband verarbeiten.

Hinweis

Je nachdem, wie eng das Stirnband sitzen soll und wie dehnfähig das Material ist, sollte es ca. 2–3 cm kürzer zugeschnitten sein als der Kopfumfang der Trägerin. Am besten vorher eine Anprobe machen!

SARAH

Biesenmütze · Kopfumfang 57–59 cm · Vorlagen 1a und 11, Bogen A und B · Aufwand ● ●

Diese Biesenmütze ist ein echtes Grundmodell und bietet zahlreiche Gestaltungsmöglichkeiten. Lassen Sie Ihrer Fantasie freien Lauf!

Material

- Walk, ca. 1,40 m breit:

  A: 3,5 cm in Schwarz

  B: 30 cm in Petrol

- 1 Knopf, ø 3 cm

Zuschneiden

Maße und Vorlagen enthalten 0,75 cm Nahtzugabe.

A: 1-mal Nr. 11 (Mützenkörper)

   1-mal Nr. 1a (Mützendeckel)

B: 1-mal 3,5 x 25 cm (Rüsche für Knopf)

So geht's

1 Auf dem Mützenkörper die Biesenlinien laut Vorlage mit Schneiderkreide, Stecknadeln oder Heftgarn markieren.

2 Die Schmalkanten des Mützenkörpers flach zum Ring zusammennähen, wie auf Seite 6 beschrieben.

3 An einer markierten Biesenlinie den Mützenkörper links auf links falten und einige Millimeter breit absteppen, wie auf Seite 6 beschrieben. Die beiden anderen Biesen genauso arbeiten.

4 Den Mützendeckel ringsum rechts auf rechts an die Oberkante der Mütze stecken, evtl. heften, und mit der Maschine absteppen.

5 Die Mütze auf rechts wenden, einen Umschlag in gewünschter Breite nach außen legen. Der Umschlag ist im Stoffzuschnitt einkalkuliert und wird nicht extra angesetzt.

6 Aus Walk eine Rüsche herstellen, wie auf Seite 11 beschrieben, seitlich auf der Mütze befestigen, den Knopf mittig daraufsetzen und gemeinsam an der Mütze festnähen.

Variante

Lassen Sie die mittlere Biese weg und steppen Sie stattdessen eine breitere Borte auf, wie auf Seite 7 beschrieben.

Tipp

Durch Perlen, Blumen, Filzstränge, besondere Knöpfe und Dekorationen bekommt die Mütze jeweils eine andere Optik.

INGA

Biesenmütze mit Zackenrand · Kopfumfang 57–58 cm · Vorlagen 1a und 12, Bogen A · Aufwand ● ● ●

Der Zackenrand und die aufgesteppte Borte machen diese Mütze zu etwas Besonderem. Hier ist jedoch sorgfältiges Arbeiten gefragt.

Material

- Walk, ca. 1,40 m breit:
  A: 30 cm in Mittelblau
  B: 4 cm in Gelb
- 1,30 m schmale Borte in Gelb, 0,5 cm breit

Zuschneiden

Maße und Vorlagen enthalten 0,75 cm Nahtzugabe.

A: 1-mal Nr. 12 (Mützenkörper)
   1-mal Nr. 1a (Mützendeckel)
B: 1-mal 4 x 40 cm (Blume)

So geht's

1 Auf dem Mützenkörper die Biesenlinien laut Vorlage mit Schneiderkreide, Stecknadeln oder Heftgarn markieren.

2 Die Borte in zwei Stücke à 65 cm teilen und zwischen den markierten Biesenlinien von Hand mit Heftfaden heften, dabei am Anfang und Ende jeweils 1 cm der Borte überstehen lassen, auf die Innenseite umschlagen und ebenfalls festheften, wie auf Seite 7 beschrieben.

3 Die Borte entlang beider Längskanten mit der Maschine aufsteppen.

4 Die Schmalseiten des Mützenkörpers flach (zum „Schlauch") aufeinanderstecken, evtl. heften, um die Borten genauer aneinander ausrichten zu können, und mit der Nähmaschine zusammensteppen.

5 An einer markierten Biesenlinie den Mützenkörper links auf links falten und einige Millimeter breit absteppen, wie auf Seite 6 beschrieben. Die zweite Biese genauso arbeiten.

6 Den Mützendeckel links auf links ringsum an die Oberkante des Mützenkörpers nähen, sodass die Nahtzugaben an der fertigen Mütze außen liegen.

7 Die Mütze auf rechts wenden, den Umschlag in gewünschter Breite nach außen umklappen. Der Umschlag ist bereits im Stoffzuschnitt enthalten.

8 Eine Blume, wie auf Seite 9 beschrieben, herstellen und seitlich an der Mütze festnähen.

ROMY

Wer ein elegantes Modell sucht, das die Frisur schont und trotzdem wärmt, liegt hier genau richtig.

Material

- Walk, ca. 1,40 m breit:
  A: 50 cm in Hellblau
- Dünner Polarfleece, ca. 1,40 m breit:
  B: 50 cm in Dunkelblau
- 1 Knopf, 7 x 3 cm

Zuschneiden

Die Vorlagen enthalten 0,75 cm Nahtzugabe.

A: 2-mal Nr. 10a (Kapuzenseitenteil)
  1-mal Nr. 10b (Kapuzenmittelteil)
  1-mal Nr. 10c (Schal)

B: 2-mal Nr. 10a (Kapuzenseitenteil)
  1-mal Nr. 10b (Kapuzenmittelteil)
  1-mal Nr. 10c (Schal)

So geht's

1 Beide Abnäher in den Kapuzenseitenteilen aus Walk absteppen, dabei die Abnäher schmal auslaufen lassen. Die Abnäher nicht (!) aufschneiden.

2 Das Mittelteil aus Walk rechts auf rechts zwischen die Kapuzenseitenteile nähen (= Kapuze), dabei jeweils die Passnummern 1 und 2 aufeinanderlegen.

3 Für das Futter die Kapuzenteile und das Mittelteil aus Polarfleece, wie in Schritt 1 und 2 beschrieben, genauso nähen.

4 Beide Kapuzen (Außenseite und Futter) rechts auf rechts an der Vorderkante zusammennähen und auf rechts wenden.

5 Das Schalteil aus Walk rechts auf rechts an die Unterkante der Kapuze aus Walk stecken, das Schalteil aus Polarfleece an die Unterkante der Kapuze aus Polarfleece stecken, dabei die Mitten bündig übereinander ausrichten.

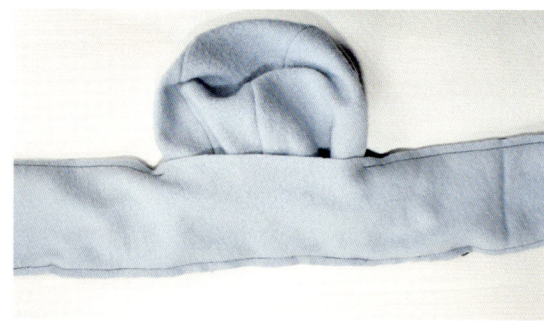

6 Die Schalteile ringsum zusammennähen, jedoch an der Unterkante des Schals eine Wendeöffnung frei lassen.

7 Kapuze und Schal auf rechts wenden und die Wendeöffnung von Hand schließen.

8 Das Knopfloch laut Markierung in der Vorlage in die rechte Seite des Schals arbeiten, dabei die Länge ggf. an den verwendeten Knopf anpassen.

9 Die genaue Position des Knopfes ermitteln und auf die Außenseite des linken Schalendes annähen.

CLAIRE

Baskenmütze · Kopfumfang 56–58 cm · Vorlage 7, Bogen A · Aufwand ● ●

Eine klassische Baskenmütze für Jung und Alt mit französischem Charme kommt nie aus der Mode. Hier ist sie modern interpretiert.

Material

- Walk, ca. 1,40 m breit:
  A: 30 cm in Fuchsia
  B: 10 cm in Schwarz
- je 1 kleinen Pompon in Grau und Schwarz

Zuschneiden

Maße und Vorlagen enthalten 0,75 cm Nahtzugabe.

A: 6-mal Nr. 7 (Mützenkörper)
B: 1-mal 8 x 57 cm (Mützenrand)

So geht's

1 Jeweils 3 Mützenkörperteile rechts auf rechts zusammennähen, wie auf Seite 7 beschrieben.

2 Die Nahtzugaben auseinanderbügeln.

3 Die beiden Mützenhälften rechts aufeinanderlegen und mittels einer durchgehenden Naht aufeinandernähen, dabei darauf achten, dass die Mitten genau aufeinandertreffen.

4 Den Mützenrand an den Schmalseiten mit einer flachen Naht zur Runde schließen, wie auf Seite 6 beschrieben, und der Länge nach doppelt legen.

5 Den Mützenrand rings um die rechte Seite des Mützenteils heften und – damit diese Naht dehnfähig bleibt – mit schmalem Zickzackstich an die Unterkante der Mütze feststeppen. Die Nahtzugaben im Mützenkörper auseinanderbügeln, am Bündchen nur flach bügeln.

6 Die Pompons vorne seitlich an den Rand der Mütze nähen.

Tipp

Für diese Baskenmütze eignen sich alle weichen Stoffe, so zum Beispiel auch selbst verfilzte Stoffe oder Reststücke in verschiedenen Farben. Verwenden Sie keine dickeren Stoffe, da die Näharbeit schwieriger wird und die Mütze auch nicht den leichten Fall erhält, der sie so attraktiv macht.

Variante

Eine etwas zierlichere Mütze ist auf dem Vorlagenbogen A mit dem Modellnamen Janine Nr. 9 eingezeichnet. Diese Mütze wird genauso wie das Modell Claire genäht. Hier ist der Mützenrand in der gleichen Farbe wie der Mützenkörper genäht. Die Blumen in schönen Kontrastfarben lenken die Aufmerksamkeit auf sich.

Pompons selber herstellen

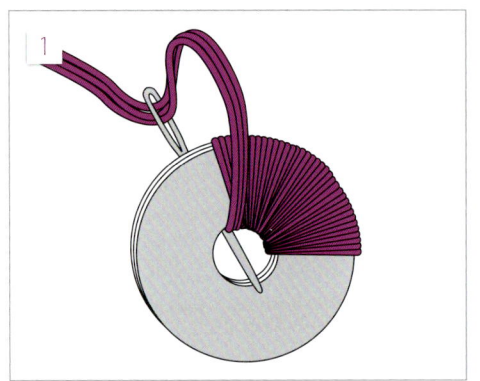

Zwei gleich große Pappringe mit etwa doppeltem Außendurchmesser des gewünschten Pompon-Durchmessers schneiden. Beide Ringe übereinanderlegen und mit Garn umwickeln, bis das Innenloch ausgefüllt ist.

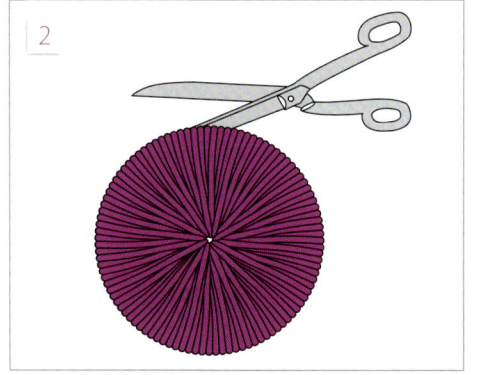

Anschließend die Fäden entlang der Außenkante durchschneiden.

Die Pappscheiben etwas auseinanderziehen, das Fadenbündel mit doppeltem Faden in der Mitte stark zusammenziehen und verknoten. Die Pappscheiben entfernen. Den Pompon ggf. zurechtstutzen.

KATHRIN

Stirnband mit Klettverschluss · Einheitsgröße · Vorlage 4, Bogen B · Aufwand ● ●

Das elegante Stirnband in Rot-Schwarz passt sich dank des Klettverschlusses dem individuellen Kopfumfang an.

Material

- Walk, ca. 1,40 m breit:
  - A: 15 cm in Rot
  - B: 15 cm in Schwarz
- 4 cm Klettband (Flausch und Haken) zum Einnähen

Zuschneiden

Maße und Vorlagen enthalten 0,75 cm Nahtzugabe.

A: 1-mal Nr. 4 (Außenseite)

   1-mal 1 x 21 cm (Riegel)

B: 1-mal Nr. 4 (Futter)

   1-mal 5 x 50 cm (Blume)

So geht's

1 Das Futter an der Oberkante mit der Zackenschere zuschneiden.

2 Außenseite und Futter rechts auf rechts legen und an den Schmalseiten und der Unterkante zusammennähen.

3 Die Nahtzugaben an den Ecken zurückschneiden, damit keine Wülste entstehen.

4 Das Stirnband auf rechts wenden und bügeln.

5 Außenseite und Futter an der Oberkante mit schmalem Zickzackstich zusammennähen. Der schwarze Futterstoff ist etwas breiter und schaut deshalb mit der Zackenkante hervor.

6 Die Klettbänder jeweils gemäß Markierung in der Vorlage aufsteppen.

7 Den Riegel mit Handstichen an den Schmalseiten zum „Schlauch" zusammennähen und auf die gerade Seite des Stirnbands schieben.

8 Für eine große Blume eine Kante des Streifens ggf. mit der Zackenschere zuschneiden und wie auf Seite 9 beschrieben, nähen.

9 Die Blume über der außen sichtbaren Naht des Klettverschlusses von Hand aufnähen. Ein Ende des Stirnbands durch den Riegel schieben und das Stirnband mithilfe des Klettverschlusses schließen.

MARA

Elegante Mütze · Kopfumfang 57–59 cm · Vorlagen 14a–b, Bogen A und B · Aufwand ● ●

Die vier Mützenkörperteile verbreitern sich jeweils nach oben. Mara besticht durch die nach außen gerichteten Nähte und einem breiten gemusterten Rand.

Material

• Walk, ca. 1,40 m breit:

  A: 25 cm dickeren schwarzen Walk

  B: 10 cm gemustert

Zuschneiden

Maße und Vorlagen enthalten 0,75 cm Nahtzugabe.

A: 4-mal Nr. 14a (Mützenkörper)

  1-mal Nr. 14b (Mützendeckel)

B: 1-mal 10 x 59 cm (Umschlag)

So geht's

1 Zwei Mützenkörperteile links auf links legen und an einer Seitenkante sorgfältig zusammennähen. Danach das dritte Mützenkörperteil annähen und den Mützenkörper mit dem vierten Mützenkörperteil zur Runde schließen.

2 Die Nahtzugaben auseinanderbügeln, sie liegen an der fertigen Mütze außen.

3 Den Mützendeckel links auf links rings um die Oberkante des Mützenkörpers stecken und festnähen. Auch hier zeigen die Nahtzugaben nach außen. Beim Nähen darauf achten, dass der Mützenkörper nicht gedehnt wird, der Stoff sollte etwas eingehalten werden.

4 Den Umschlag an den Schmalseiten mit einer flachen Naht zur Runde schließen, wie auf Seite 6 beschrieben. Rechts auf links an die Unterkante des Mützenkörpers stecken und anschließend nach außen umschlagen.

5 Die noch offene Kante des Umschlags schmal nach innen einschlagen und von Hand unauffällig am Mützenkörper festnähen.

LINDA

Pfiffige Mütze · Kopfumfang 57-59 cm · Vorlagen 1a und 19, Bogen A und B · Aufwand ● ● ●

Der ungewöhnlich aussehende Mützenkörper wird aus schräg zugeschnittenen Teilen genäht. Dies erfordert erhöhte Sorgfalt beim Nähen.

Material

- Walk, ca. 1,40 m breit:
  A: 20 cm in Grün
  B: 20 cm in Dunkelgrau

Zuschneiden

Maße und Vorlagen enthalten 0,75 cm Nahtzugabe.

A: 3-mal Nr. 19 (Mützenkörper)

1-mal Nr. 1a (Mützendeckel)

1-mal 8 x 59 cm (Umschlag), eine Längsseite mit der Zackenschere zuschneiden

B: 3-mal Nr. 19 (Mützenkörper)

So geht's

1 Die Mützenkörperteile an den Seitenkanten links auf links zusammenlegen, die Ansatzpunkte 1 und 2 übereinander ausrichten, heften und zusammennähen. Alle Mützenteile zur Runde aneinandernähen, wie unter „Mützenteile mit schräger Naht" auf Seite 8 beschrieben.

2 Die Nahtzugaben nicht auseinanderbügeln, sie liegen an der fertigen Mütze außen.

3 Den Mützendeckel rechts auf rechts an die Oberkante der Mütze stecken, dabei die Nahtzugaben des Mützenkörpers auseinanderlegen, und festnähen.

4 Den Umschlag an den Schmalseiten mit einer flachen Naht zur Runde schließen, wie auf Seite 6 beschrieben.

5 Den Umschlag rechts auf links in die Mütze stecken, die gerade Kante mit der Unterkante des Mützenkörpers bündig ausrichten, dabei die Nahtzugaben des Mützenkörpers flach auseinanderlegen und zusammennähen.

6 Den Umschlag auf die rechte Seite und nach oben auf den Mützenkörper schlagen.

Tipp

Die Nahtzugaben werden bei diesem Modell nicht gebügelt, damit sie schön abstehen. Natürlich kann man sie auch bügeln. Die Mütze kann mit einem Knopf, einer Blume oder einer Filzschnecke dekoriert werden.

SOPHIE

Tellermütze · Kopfumfang 57–59 cm · Vorlage 5a–b, Bogen A · Aufwand ●

Die Tellermütze mit Walk mit aufgefilzten Noppen besticht durch ihre Lässigkeit und sportlichen Chic. Man kann sie mit einer innen- oder außenliegenden Naht arbeiten.

Material

- Walk, ca. 1,40 m breit:
  A: 30 cm mit aufgefilzten Noppen
  B: 10 cm in Rot

Zuschneiden

Maße und Vorlagen enthalten 0,75 cm Nahtzugabe.

A: 1-mal Nr. 5a (Mützendeckel oben, ohne Ausschnitt)
  1-mal Nr. 5b (Mützendeckel unten, mit Ausschnitt)
B: 1-mal 8 x 57 cm (Bündchen)

So geht's

1 Die beiden Mützendeckel rechts auf rechts aufeinanderlegen, an den Außenkanten zusammennähen und auf rechts wenden.
2 Das Bündchen an den Schmalseiten mit einer flachen Naht zur Runde schließen, wie auf Seite 6 beschrieben, und der Länge nach doppelt legen.
3 Das Bündchen auf die rechte Seite des Kopfausschnitts stecken und mit schmalem Zickzackstich feststeppen. Die Naht vorsichtig dämpfen.
4 Die Tellermütze nach Belieben verzieren, z. B. mit einer Blume.

Variante

Die Nahtzugabe am Mützendeckel kann auch als außenliegend gearbeitet werden. Das bietet sich besonders bei einfarbigen Stoffen an. Das Bündchen darf auch etwas breiter sein.

Tipp

Für diese Mütze nur dünneren Walkloden oder selbstgefilzten Stoff verwenden. Die Weite des Kopfbündchens kann individuell gewählt werden. Schneiden Sie lieber etwas enger als zu weit zu, da Wollstoffe dehnbar sind und die Mütze sonst zu tief ins Gesicht rutschen würde.

LAURA

Etwas Sorgfalt beim Zuschneiden der Wellenkante ist gefordert, aber diese Mühe wird mit einem schönen Ergebnis belohnt.

Material

• Walk, ca. 1,40 m breit:

   A: 15 cm in Dunkelgrün

   B: 10 cm in Taupe

   C: 4 cm in Orange

Zuschneiden

Maße und Vorlagen enthalten 0,75 cm Nahtzugabe.

A: 1-mal Nr. 15 (Wellenrand, obere Stofflage)

B: 1-mal 10 cm breit x 57 cm lang (untere Stofflage)

C: 1-mal 3,5 x 45 cm (Blume)

So geht's

1 Die Zuschnitte aus Stoff A und B jeweils an den Schmalseiten mit einer flachen Naht zur Runde schließen, wie auf Seite 6 beschrieben.

2 Die so entstandenen „Ringe" rechts auf rechts ineinanderlegen und an den geraden Seiten zusammennähen.

3 Den „Ring" wenden und die Nähte sorgfältig bügeln.

4 Den Wellenrand sorgfältig auf den Unterstoff stecken und beginnend an dem großen, mittleren Bogen (siehe Markierung in der Vorlage) ringsum auf den Unterstoff steppen.

5 Eine Blume, wie auf Seite 9 beschrieben, herstellen.

6 Den großen mittleren Bogen des Wellenrandes an der Markierung nach vorne klappen und mit der Blume am Stirnband fixieren.

Tipp

Die Steppnaht kann auch in einer Kontrastfarbe genäht werden. Sorgfältiges Aufsteppen ist hier Bedingung, damit das Stirnband auch wirklich gut aussieht.

JULIA

Trendmodell · Kopfumfang 57–59 cm · Vorlagen 1a–c, Bogen A · Aufwand ● ●

Dieses extravagante Modell besticht durch die außenliegenden Nähte und die asymmetrisch fixierte Schleife. Passen Sie Kontraste oder Farbverläufe an Ihre Vorstellungen an.

Material

- Walk, ca. 1,40 m breit:
  A: 20 cm in Beere
  B: 10 cm in Mauve
  C: 10 cm in Rosa

Zuschneiden

Maße und Vorlagen enthalten 0,75 cm Nahtzugabe.

A: 1-mal Nr. 1 a (Mützendeckel)
  1-mal Nr. 1 b (Streifen für Mützenkörper, unten)
  1-mal Nr. 1 c (Schleife)
  1-mal 7 x 59 cm (Streifen Mützenrand)

B: 1-mal Nr. 1b (Streifen für Mützenkörper, Mitte)

C: 1-mal Nr. 1b (Streifen für Mützenkörper, oben)
  1-mal Nr. 1c (Schleife)

So geht's

1 Die Ansatzstellen für die Schleifen von der Vorlage mit Schneiderkreide oder Nadeln auf den Walk übertragen.

2 Alle Stoffstreifen an den Schmalseiten mit einer flachen Naht zur Runde schließen, wie auf Seite 6 beschrieben.

3 Den mittleren und oberen Streifen für den Mützenkörper links auf links aufeinanderlegen und an einer langen Kante zusammennähen. Dann den unteren Stoffstreifen links auf links auf die mittlere Stoffbahn legen und an der freien langen Kante feststeppen. An der fertigen Mütze liegen die so entstandenen Nähte später außen.

4 Den Mützendeckel links auf links ringsum an die Oberkante des oberen Streifens feststecken. Auch diese Naht liegt an der fertigen Mütze außen. Noch nicht nähen!

5 An die Oberkante ein Schleifenteil auf die Markierung stecken, dieses zeigt nach unten, und zusammen mit dem Mützendeckel festnähen, wie auf Seite 8 beschrieben.

6 An die Unterkante des unteren Streifen das zweite Schleifenteil anstecken, das Schleifenteil zeigt nach oben. Noch nicht nähen!

7 Den unteren Mützenrand mit der rechten Seite auf die Innenseite der Mütze stecken und alles zusammen mit dem aufgesteckten Schleifenband 1 cm vom Rand entfernt feststeppen (siehe „Ansetzen von Schleifenteilen" auf Seite 9).

8 Den Rand nach außen und oben umklappen und nach Bedarf bügeln. Das Schleifenband mit einem Knoten schließen. Die Nähte im Mützenkörper und am Mützendeckel nicht bügeln.

LILO

Mütze mit klassischem Rand · Kopfumfang 57–59 cm · Vorlage 8, Bogen A · Aufwand ● ●

Diese klassische Mütze passt zu nahezu jeder Gelegenheit. Der Rand liegt doppelt und hält deshalb sehr gut. Mit einer Blume, Rüsche oder einem Schmuckknopf lässt sie sich individuell verzieren.

Material

• Walk, ca. 1,40 cm breit:

  A: 20 cm in Blau und Grün getupft

  B: 10 cm in Grün

Zuschneiden

Maße und Vorlagen enthalten 0,75 cm Nahtzugabe.

A: 4-mal Nr. 8 (Mützenkörper)

B: 1-mal 59 x 8 cm (Mützenrand)

  1-mal 3 x 35 cm (Blume)

So geht's

1 Jeweils zwei Mützenkörperteile rechts auf rechts legen und die Seitenkanten an einer Seite bis zur oberen Mitte zusammennähen.

2 Die beiden Mützenhälften rechts auf rechts legen und mit einer Naht, die über die obere Mitte geht, zusammennähen, dabei darauf achten, dass die Mitten genau aufeinandertreffen.

3 Die Nahtzugaben des Mützenkörpers flach auseinanderbügeln.

4 Den Mützenrand an den Schmalseiten mit einer flachen Naht zur Runde schließen, wie auf Seite 6 beschrieben.

5 Den Mützenrand der Länge nach doppelt legen (die linke Seite liegt innen) und rechts auf rechts ringsum an die Mütze stecken. Mit schmalem Zickzackstich an die Mütze steppen, anschließend diese Naht flach bügeln.

6 Die Blume, wie auf Seite 9 beschrieben, herstellen und seitlich an die Mütze nähen.

FLORA

Glockenblumenmütze · Kopfumfang 58–60 cm · Vorlage 18, Bogen B · Aufwand ● ●

Die Mütze erinnert in ihrer Form ein wenig an eine Glockenblume. Der Rand kann je nach Belieben mit einer ansteckbaren Blume fixiert werden.

Material

• Walk, ca. 1,40 m breit:

  A: 30 cm in Korallenrot

  B: 4 cm in Schwarz

• 1 Broschennadel, 4,5 cm breit

Zuschneiden

Maße und Vorlagen enthalten 0,75 cm Nahtzugabe.

A: 6-mal Nr. 18 (Mützenkörper)

B: 1-mal 4 x 50 cm (Blume)

So geht's

1 Je drei Mützenkörperteile links auf links legen und jeweils von der Spitze aus an den Seitenkanten zusammennähen. Beide Mützenhälften mit einer durchgehenden Naht zusammennähen, wie auf Seite 7 beschrieben.

2 Die Nahtzugaben nicht auseinanderbügeln, sie liegen an der fertigen Mütze außen.

3 Eine Blume, wie auf Seite 9 beschrieben, herstellen und die Broschennadel auf der Unterseite der Blume annähen.

4 Die Unterkante der Mütze etwas nach außen umschlagen und zusammen mit der Blume mithilfe der Broschennadel seitlich fixieren.

Tipp

Nähen Sie Blumen auch in anderen Farben, so passt dieser Glockenhut zu vielen Outfits.

LUISA

Stilvolles Modell · Kopfumfang 57–58 cm · Vorlagen 17a–c, Bogen A und B · Aufwand ● ● ●

Die charmante gelbe Schleife verleiht diesem mädchenhaften Modell einen gewissen Zauber und gibt ihm einen ganz eigenen, besonders aparten Stil.

Material

• Walk, ca. 1,40 m breit:

   A: 20 cm in Curry

   B: 10 cm in Grau

Zuschneiden

Maße und Vorlagen enthalten 0,75 cm Nahtzugabe.

A: 5-mal Nr. 17a (Mützenkörper)

   1-mal Nr. 17b (Mützendeckel)

   2-mal Nr. 17c (Schleifenspitzen)

   1-mal 32 x 8 cm (Schleifenkörper)

   1-mal 10 x 4 cm (Schleifenumwicklung)

B: 1-mal 8 x 59 cm (Umschlag), eine Längsseite mit der

Zackenschere zuschneiden

So geht's

1 Die Mützenkörperteile an den Seitenkanten rechts auf rechts legen und jeweils eine Seite aneinandernähen, mit dem letzten Mützenkörper zur Runde schließen und die Nahtzugaben vorsichtig auseinanderbügeln.

2 Den Mützendeckel rechts auf rechts rings an der Oberkante des Mützenkörpers festnähen, die Nähte liegen an der fertigen Mütze innen.

3 Den Umschlag an den Schmalseiten mit einer flachen Naht zur Runde schließen, wie auf Seite 6 beschrieben, rechts auf links in die Mütze stecken, die (geraden) Unterkanten bündig aneinander ausrichten (die Zackenkante liegt innen oben) und zusammennähen.

4 Den Umschlag nach außen klappen, die Zackenkante liegt nun außen oben.

5 Die Mütze vorsichtig bügeln, ggf. ein Bügeltuch auflegen.

6 Die Schleife, wie auf Seite 12–13 beschrieben, arbeiten und mit Handstichen an der Mütze unsichtbar festnähen.

WANDA

Freche Mütze · Kopfumfang 57–59 cm · Vorlagen 1a und 2, Bogen A · Aufwand ● ●

Der stabilere dicke Walkloden hält die einzelnen Zackenteile gut in Form. Der sehr große Knopf ist ein prägnanter Kontrast.

Material

- Walk, ca. 1,40 m breit:
  A: 20 cm in Petrol
- 1 Knopf, ø 5 cm

Zuschneiden

Maße und Vorlagen enthalten 0,75 cm Nahtzugabe.

A: 1-mal 59 x 17 cm (Mützenkörper)

  1-mal Nr. 1a (Mützendeckel)

  6-mal Nr. 2 (Zacke)

So geht's

1 Den Mützenkörper an den Seitenkanten mit einer flachen Naht zur Runde schließen, wie auf Seite 6 beschrieben.

2 Den Mützendeckel links auf links ringsum an die Oberkante des Mützenkörpers stecken und zusammennähen. Die obere Naht liegt somit an der fertigen Mütze außen.

3 Die Zacken an den Seitenkanten rechts auf rechts zusammennähen, zur Runde schließen und die Nahtzugaben flach auseinanderbügeln.

4 Den Zackenrand auf der linken Seite der Mütze feststecken, dabei liegen die geraden Unterkanten bündig und die Nähte des Zackenrands innen. Die Unterkanten zusammennähen.

5 Den Zackenrand nach außen umschlagen. Die Nähte liegen jetzt obenauf.

Varianten

Nähen Sie 2 cm vom oberen Rand entfernt eine zusätzliche Biese ein.

Oder arbeiten Sie den Zackenrand abwechselnd in zwei Farben und nähen Sie den Mützendeckel so an, dass die Nahtzugabe nach innen zeigt.

MARIE

Beanie · Kopfumfang 58–60 cm · Vorlagen 13, 21 und 23, Bogen A und B · Aufwand ● ●

Jugendlich verspielt ähnelt diese Mütze den beliebten Beanies. Sie muss lässig fallen und ist daher aus dünnem Walkloden genäht. Die Blume ist ein echtes i-Tüpfelchen.

Material

- Dünner Sommerwalkloden, ca. 1,40 m breit:
  A: 30 cm in Pink
  B: 15 cm in Orange

Zuschneiden

Maße und Vorlagen enthalten 0,75 cm Nahtzugabe.

A: 1-mal Nr. 13 (Mützenkörper)
  1-mal Nr. 21 (kleine Blume)
B: 1-mal 13 x 59 cm (Rand)
  1-mal Nr. 24 (große flache Blume)

So geht's

1 Die hintere Mitte des Mützenkörpers rechts auf rechts legen und zusammennähen.

2 Die gegenüberliegenden Kanten der vorderen Mitte ebenfalls zusammennähen. Alle Nahtzugaben auseinanderbügeln.

3 Die restlichen offenen Kanten aufeinanderlegen und mit einer durchgehenden Naht schließen. Die Mütze auf rechts wenden.

4 Den Rand an den Schmalseiten mit einer flachen Naht zur Runde schließen, wie auf Seite 6 beschrieben. An die Unterkante auf die linke Seite der Mütze stecken und festnähen.

5 Den Rand etwa zur Hälfte nach außen klappen und auf der im vorigen Arbeitsschritt entstandenen Steppnaht etwas überlappend und offenkantig festheften, und ringsum sorgfältig mit zwei parallelen Nähten feststeppen.

6 Die flache Blume aus Stoff B an den Außenkanten auf die Mütze steppen, wie auf Seite 10 beschrieben.

7 Eine kleine Blume aus Stoff A herstellen, wie auf Seite 9 beschrieben, und mittig auf der flachen Blume aufnähen.

AMELIE

Ohrenklappenmütze · Einheitsgröße · Vorlagen 3a–b, Bogen A · Aufwand ● ●

Die Ohrenlaschen und die doppelte Lage Walk machen diese Mütze zum kuscheligen Lieblingsmodell.

Material

• Walk, ca. 1,40 cm breit:

  A: 30 cm in Anthrazit mit türkisfarbenen Noppen

  B: 15 cm in Türkis

Zuschneiden

Die Vorlagen enthalten 0,75 cm Nahtzugabe.

A: 1-mal Nr. 3 a (Mützenkörper)

B: 1-mal Nr. 3 b (Futter)

So geht's

1 Die hintere Mitte des Mützenkörpers rechts auf rechts legen und bis zur Mützenspitze zusammennähen.

2 Die offenen Schnittkanten der vorderen Mitte (oberhalb des Stoffbruchs) ebenfalls rechts auf rechts zusammennähen, dabei an der Mützenspitze beginnen und die Naht zum Stoffbruch hin ganz schmal auslaufen lassen.

3 Die restlichen offenen Kanten rechts auf rechts aufeinanderlegen und mit einer durchgehenden Naht (von einer Seite über die Mützenspitze zur anderen Seite) schließen, dabei den Nahtanfang und das Nahtende schmal auslaufen lassen. Alle Nahtzugaben auseinanderbügeln und die Mütze auf rechts wenden.

4 Am Futterteil die hintere Naht mit einer flachen Naht schließen, wie auf Seite 6 beschrieben.

5 Das Futterteil und den Mützenkörper rechts auf rechts aufeinanderlegen, die Unterkanten bündig aufeinander ausrichten und zusammennähen.

6 Das Futter in den Mützenkörper stülpen und die Unterkante vorsichtig bügeln, dabei den Stoff nicht dehnen.

7 Die Oberkante des Futters innen mit Handnähstichen an der Mütze befestigen, um sie vor dem Verrutschen zu sichern, dabei darauf achten, dass die Stiche auf der Außenseite der Mütze nicht sichtbar sind.

Tipp

Als Innenstoff passt auch Fleece.

STOFFE UND MATERIAL

Walkloden

Walkloden ist ein Schurwollstoff, der vom Hersteller durch besondere Bearbeitung verfilzt und dadurch fast winddicht wird. Er isoliert daher gut gegen Kälte und ist besonders für Herbst- und Winterbekleidung geeignet. Es gibt ihn in leichten und schwereren Qualitäten zu kaufen. Für Baskenmützen eignen sich besonders die weicheren, leichten Qualitäten, wohingegen andere Mützen einen besonderen „Stand" brauchen und besser mit den dickeren Qualitäten genäht werden sollten.

Walkloden ist meistens aus 100 % Wolle hergestellt, es gibt jedoch auch Stoffe, die eine Beimischung von 20 % synthetischen Fasern haben. Diese Stoffe sind besonders weich und anschmiegsam.

Walk kann offenkantig verarbeitet werden und kommt ohne Nahtversäuberung aus. Das macht ihn für Nähanfänger besonders attraktiv, weil er sich unkompliziert verarbeiten lässt und schnell Näherfolge beschert.

Walk kann beim Waschen weiter verfilzen und damit auch einlaufen. Falls Sie Ihre Modelle später waschen möchten, sollten Sie den Stoff vor dem Zuschnitt von Hand oder im Wollwaschgang bei max. 30 ° waschen. Den Stoff nicht schleudern, sondern vorsichtig ausdrücken, in Form ziehen und liegend trocknen lassen. Kaufen Sie den Stoff daher etwas großzügiger ein, als unter „Material" angegeben, da sich diese Mengen auf den gewaschenen Stoff beziehen.

Walkloden mit Muster

Walkloden gibt es auch mit vielen schönen Mustern. Diese Stoffe haben zwei unterschiedliche Seiten. Eine Seite ist glatt und auf der anderen Seite erscheinen die Muster meist erhaben und plastisch.

Gemusterter Walkloden sollte nur mit schlichten Schnittmustern, die nicht zu viele Teile haben, verarbeitet werden. Sonst wird die Optik des fertigen Modells durch viele Nähte zu unruhig. Außerdem lassen sich die Stoffe durch die erhabenen Muster schwerer nähen. Für Biesen eignen sich diese Walkstoffe übrigens auch nicht.

Bei gemusterten Walkloden ohne erhabene Muster wurde das Muster eingestrickt oder aufgedruckt, und anschließend wurde das Material verfilzt (siehe den gepunkteten Walkloden im Foto ganz oben).

Fleece

Der so genannte Fleece wird aus Synthetikfasern hergestellt, ist sehr wärmeisolierend und gleichzeitig atmungsaktiv. Zudem ist der Stoff pflegeleicht und kuschelig. Auch Fleece gibt es in verschiedenen Stärken sowie zahlreichen Farben und Mustern. Er eignet sich besonders gut zum Abfüttern von Mützen.

Aus Alt mach Neu!

Eine reizvolle und spannende Aufgabe ist es, die Wollstoffe für die Mützen oder Stirnbänder selber zu filzen. So können Strickteile, die nicht mehr gebraucht werden, wunderbar recycelt werden. Filzen Sie dafür die Wollsachen bei 60 Grad in der Waschmaschine und geben Sie sie anschließend in den Trockner. Dadurch laufen die Teile stark ein, verfilzen und bilden das Ausgangsmaterial für neue Modelle. Vor dem weiteren Verarbeiten müssen die Stoffe ggf. gebügelt werden.

Für beste Filzergebnisse eignen sich vor allem gestrickte Teile mit mindestens 80 % Wolle aus Angora, Lamm- und Schurwolle.

ZUBEHÖR UND WERKZEUG

Die folgenden Materialien und Werkzeuge werden in den Materialangaben nicht extra genannt und als vorhanden vorausgesetzt.

Bügeleisen

Ein Dampfbügeleisen ist zum Auseinanderbügeln der Nähte und Bügeln von Säumen hilfreich. Ein dünnes Baumwolltuch zum schonenden Bügeln, welches angefeuchtet werden kann, leistet ebenfalls gute Dienste.

Heftgarn

Das ist ein etwas dickerer, locker verzwirnter Faden aus Baumwolle, welcher zum Vorheften der Stoffteile verwendet wird oder auch zum Kennzeichnen von Linien. Er wird nur für das Heften von Hand verwendet, lässt sich leicht zerreißen und kann nach dem Nähen mühelos entfernt werden.

Messwerkzeuge

Ein Maßband ist für den Stoffzuschnitt und das Abmessen von Säumen und Maßen notwendig. Zum Abmessen von rechtwinkligen Flächen oder Streifen ist ein Patchworklineal mit Rastereinteilung hilfreich. Alternativ könen Sie auch ein Lineal und ein Geodreieck verwenden, um rechte Winkel zu vermessen.

Nähgarn

Achten Sie bei Ihrer Garnauswahl stets auf gute Qualität. Dadurch vermeiden Sie reißende Fäden, Knoten- und Schlaufenbildung. Für die Nähprojekte in diesem Buch können Sie sowohl Nähgarn aus Baumwolle als auch aus Synthetik verweden. Es gibt eine breite Auswahl an verschiedenen Farbtönen. Sollte der gewünschte Farbton doch einmal nicht vorhanden sein, wählen Sie einfach eine dunklere Nuance. Diese fällt im Stoff am wenigsten auf. Für Dekonähte können Sie Garn in einer schönen Kontrastfarbe wählen.

Nähmaschine

Sie brauchen eine leistungsstarke elektrische Nähmaschine, die auch dickere Stofflagen problemlos bewältigt.

Nähmaschinen-Nadeln

Für die in diesem Buch gezeigten Modelle sind Standardnadeln eine gute Wahl. Für Walk und Fleece ist die Stärke 80 empfehlenswert. Sollten Sie einen empfindlicheren, gestrickten Wollstoff verarbeiten, können Sie auch eine Nähnadel mit abgerundeter Spitze verwenden. Grundsätzlich gilt: Je höher die Nadelnummer, desto dicker sollte die Nadel sein. Nadelstärke, Stoff und Garnstärke müssen aufeinander abgestimmt werden. Übersichtstabellen hierzu finden Sie in Ihrer Nähmaschinenanleitung. Nähmaschinen-Nadeln sind Verschleißteile und müssen dem Gebrauch entsprechend erneuert werden. Ist das Stichbild ungleichmäßig, oder reißt der Faden oft, sollte die Nadel ausgetauscht werden.

Nähnadeln

Für Handstiche an Blumen, Rüschen oder anderen Verzierungen sind Nähnadeln in verschiedenen Größen erforderlich.

Nahttrenner

Falls mal eine Naht aufgetrennt werden muss, leistet dieses Werkzeug gute Dienste. Greifen Sie dafür die Naht mit der „Gabel" des Nahttrenners zwischen beiden Stofflagen und zerschneiden Sie sie (siehe auch Seite 60).

Scheren

Sie brauchen eine größere Stoffschere zum Zuschneiden und eine kleinere Stoffschere für das Ausschneiden der flachen Blüten; außerdem eine Zackenschere zur Gestaltung von einzelnen Schnittkanten.

Schneidelineal, Rollschneider und Schneidematte

Rechteckige Schnittteile oder Streifen lassen sich mit einem Schneidelineal (dies hat eine dickere Kante als normale Lineale) und einem Rollschneider, wie sie für Patchworkarbeiten benutzt werden, sehr gut zuschneiden. Achtung: Schneiden Sie damit nur auf einer speziellen Schneidematte.

Schneiderkreide

Mit der Schneiderkreide werden Markierungen oder Linien gekennzeichnet. Alternativ wird sie auch statt Heftfaden verwendet.

Schnittmusterpapier oder Seidenpapier

Die Schnittmuster der Modelle sind zweifarbig und zum Teil überlappend auf den Schnittmusterbögen eingezeichnet. Die gewünschten Schnittteile müssen daher auf das Seidenpapier mit einem Stift durchgepaust werden; übertragen Sie dabei auch sorgfältig alle Einzeichnungen und Markierungen. Danach werden die benötigten Schnittmuster zur weiteren Verwendung ausgeschnitten.

Sonstiges zum Verzieren

Perlen, Borten, Bänder, Knöpfe, Spitzenstoff, Wollgarne zum Sticken, gefilzte Wollschnüre, Stricklieselschnüre oder andere hübsche oder originelle Teile, die Sie in Ihren Vorratsschachteln finden, können als Verzierung der Mütze fungieren.

Stecknadeln

Stecknadeln stets quer zur Nährichtung durch die beiden Stofflagen stecken, die zusammengenäht werden sollen. So lassen sie sich während des Nähens problemlos herausziehen. Damit die Nähmaschinennadeln beim Übernähen der Stecknadeln nicht bricht, langsam über die Stecknadeln nähen oder kurz vor dem Übernähen herausziehen.

GRUNDBEGRIFFE DES NÄHENS

Bügeln

Bügeln Sie Walk und Fleece auf der geringsten Temperaturstufe und mit wenig Dampf. Am besten testen Sie das Bügelverhalten Ihres Stoffes an einem Reststück aus. Dabei sollte der Walk nicht schrumpfen und der Fleece nicht schmlezen. Zur Sicherheit können Sie den Stoff mit einem sauberen Baumwolltuch oder mit Backpapier abdecken.

Einhalten der Weite

Manchmal sind zwei Stoffteile, die zusammengenäht werden sollen, unterschiedlich lang. Das längere Teil muss dann in der Weite dem kürzeren Stoffteil angepasst werden. Dies geht bei dem dehnbaren Walkloden relativ einfach, indem man die Mehrweite vorsichtig mit den Fingern zusammenschiebt und ohne Fältchen zu bilden dem kürzeren Stoff anpasst. Die Teile unbedingt mit Stecknadeln fixieren oder besser mit Heftgarn zusammenfügen. Dann erst mit der Nähmaschine nähen.

Fadenlauf

Jedes Gewebe besteht aus Kettfäden (längs) und Schussfäden (quer). Der Fadenlauf entspricht der Richtung der Kettfäden und verläuft parallel zur Gewebekante. Der Zuschnitt sollte immer am Fadenlauf ausgerichtet sein, damit sich das genähte Teil nicht verzieht.

Fadenspannung

Die Fadenspannung der Nähmaschine muss je nach Stoffart reguliert werden. Andernfalls können Schlaufen in Unter- oder Oberfäden entstehen. Deshalb am besten immer erst ein Probestück nähen.

Geradstich

Der Geradstich ist der grundlegende Nutzstich beim Nähmaschinennähen. Das Nähen mit dem Geradstich heißt auch „Steppen". Die Stichlänge ist variabel einstellbar. Je länger der Stich, desto lockerer fällt die Naht aus.

Heften und Stecken

Stoffteile vor dem Nähen mit Nadeln fixieren oder heften. Dies verhindert, dass die Stoffteile beim Nähen verrutschen oder Falten werfen. Stecknadeln immer quer zur Nährichtung stecken, dann kann man sie während des Nähens leichter herausziehen.

Kräuseln

Einkäuseln bedeutet, dass ein Stoffteil an einer Seite mit einem Steppstich versehen und der Unterfaden anschließend vorsichtig angezogen wird. Dabei entsteht eine Rüsche. Hierzu an der Nähmaschine den größtmöglichen Geradstich einstellen. An der zu kräuselnden Seite einen Steppstich nähen, den Nahtanfang dabei mit Rückstichen sichern. Das Nahtende wird nicht doppelt genäht, damit der Unterfaden gleichmäßig angezogen werden kann. Die entstehenden Kräusel gleichmäßig auf die vorgesehene Länge verteilen. Nun kann das Nahtende mit Handstichen gesichert werden. Bei den Mützenmodellen sind z. B. die Blumen und Schmuckrüschen um einen Knopf eingekräuselt.

Naht auftrennen

Falls eine Naht nicht so gelungen ist, die Naht mit einem Nahttrenner auftrennen. Bitte keine spitze Schere benutzen, da der Stoff damit verletzt werden kann. Dazu vorsichtig den Nahttrenner zwischen die Stofflagen schieben und jeden 2. bis 3. Faden zerschneiden. Den Stoff auseinanderziehen und die Fadenreste entfernen.

Naht verriegeln/sichern

Damit am Beginn und Ende einer Naht sich die Fäden nicht auftrennen, müssen die Stiche gesichert werden. Hierzu mit dem Rückwärtsstich der Nähmaschine am Nahtanfang und Nahtende 3–5 Stiche hin- und zurücknähen.

Nahtzugabe

Beim Zusammennähen (= Nählinie) wird ein Abstand zur Schnittkante eingehalten. Dieser Abstand ist die Nahtzugabe. Die Breite der Nahtzugabe wird in den Anleitungen unter „Zuschneiden" aufgeführt.

Rechte und linke Stoffseite

Jeder Stoff hat eine rechte und eine linke Stoffseite. Die rechte Seite entspricht der Schauseite, also der Außenseite des Stoffes. Bei Druckstoffen ist diese recht einfach zu erkennen, da hier das Muster deutlicher ist. Wenn es also heißt „die Stoffteile rechts auf rechts legen", zeigen die rechten Schauseiten nach innen und die linken Seiten nach außen. Heißt es hingegen „links auf links", zeigen die rechten Seiten nach außen und die linken Seiten nach innen.

Bei durchgefärbten oder gewalkten Stoffen mit Flor, wie sie hier verwendet werden, ist das Erkennen von rechter und linker Seite nicht ganz so einfach.

Bei Fleece können Sie folgenden Trick anwenden: Dehnen Sie den Fleece quer zur Stoffkante, dann rollt sich der Fleece in Richtung der linken Stoffseite zusammen.

Bei einfarbigen Walkstoffen ist es sehr schwer zu erkennen, welches die rechte und linke Seite ist. Bitte entscheiden Sie selbst, welche Seite Ihnen besser gefällt und für Sie persönlich die rechte Seite darstellen soll. Bei gemustertem Walk befindet sich das aufgefilzte Muster auf der rechten Seite.

Stoffbruch

Bei einer gefalteten Stofflage entsteht eine Faltkante, die als Stoffbruch oder Bruchkante bezeichnet wird. In der Regel bezeichnet der Stoffbruch die Mitte eines Schnittteils. Der Stoffbruch ist bei den Vorlagen dieses Buches als Punkt-Strich-Linie dargestellt. Diese Kante des Schnittteils wird zum Zuschneiden ohne Nahtzugabe genau auf die gefaltete Stoffkante gelegt.

Stoffmengen

Die Stoffmenge wird bei allen Modellen ohne ein eventuelles Einlaufen der Stoffe durch Waschen angegeben. Insbesondere bei Walk sollten Sie beim Einkauf etwas großzügiger sein. Die übliche Stoffbreite ist unter „Material" angegeben. Die benötigte Länge bei angebener Stoffbreite ist für die einzelnen Farben in Zentimeter angegeben. Für Stoffe mit Musterrapport nehmen Sie zum Einkauf am besten Ihr Schnittmuster mit, um zu sehen, wie viel Stoff Sie benötigen, damit sich das Muster später an der gewünschten Stelle auf dem Schnittmuster befindet.

Zickzackstich

Der Zickzackstich wird zum Versäubern der Schnittkanten verwendet. Stichbreite und Stichlänge lassen sich verändern. Bei Walkloden ist allerdings keine Versäuberung der Kanten notwendig. Bei einigen Modellen in diesem Buch wird der Zickzackstich als Zierstich verwendet.

Zuschnitt und Nahtzugabe

In der Regel wird beim Zuschnitt eine Nahtzugabe hinzugerechnet. Bei den Vorlagen in diesem Buch ist die Nahtzugabe bereits enthalten. Die Breite der Nahtzugabe ist bei jedem Modell unter „Zuschnitt" angegeben. Diese beträgt in der Regel 0,75 cm, was generell auch unter „füßchenbreit" verstanden wird. Überprüfen Sie Ihre Nahtzugabe, damit Ihr Modell nicht zu eng oder zu weit ausfällt. Ist Ihre Nahtzugabe schmaler oder breiter, können Sie diese mithilfe der Nadelposition korrigieren. Alternativ können Sie auf der Stichplatte die Linie markieren, an der die Schnittkanten des Stoffes angelegt werden müssen, um die angegebene Nahtzugabe zu erzielen.

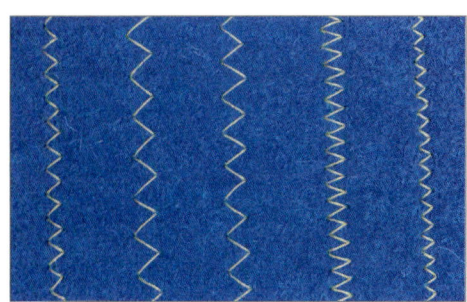

Impressum

Idee, Entwürfe und Realisation: Anita Gewald
Redaktion: Anna Fischer
Lektorat: Claudia Wollny
Fotografie: Florian Bilger Fotodesign
Styling: Peggy Kummerow
Arbeitsfotos und Aquarell-Rahmen: Anita Gewald
Vorlagen-Zeichnungen: Claudia Wollny
Umschlaggestaltung: GrafikwerkFreiburg
Satz: Arnold & Domnick, Leipzig
Reproduktion: RTK & SRS mediagroup GmbH
Druck und Verarbeitung: Polygraf Print, Slowakei

ISBN 978-3-8410-6337-3
Art.-Nr. 6337

© 2015 Christophorus Verlag GmbH & Co. KG,
Freiburg
Alle Rechte vorbehalten.

Dank

Den folgenden Firmen möchte ich für die freundliche Unterstützung durch die Bereitstellung von Materialien danken:

- Buttinette
  www.buttinette.com
- Gütermann
  www.guetermann.com
- Stoffe Hemmers
  www.stoffe-hemmers.de
- Prym
  www.prym-consumer.com

 Kreativ-Service

Sie haben Fragen zu den Büchern und Materialien? Frau Erika Noll ist für Sie da und berät Sie rund um alle Kreativthemen. Rufen Sie an! Wir interessieren uns auch für Ihre eigenen Ideen und Anregungen. Sie erreichen Frau Noll per E-Mail: mail@kreativ-service.info oder Tel.: +49 (0) 5052 / 91 18 58 Montag bis Donnerstag: 9–17 Uhr / Freitag: 9–13 Uhr

Besuchen Sie uns im Internet: www.christophorus-verlag.de